工会工作知识题库系列丛书

国际工会运动知识题库

学习强会 编

中国工人出版社

图书在版编目（CIP）数据

国际工会运动知识题库 / 学习强会编 . —北京：
中国工人出版社，2023.6
ISBN 978-7-5008-8200-8

Ⅰ . ①国⋯ Ⅱ . ①学⋯ Ⅲ . ①工会运动 – 世界 – 干部培训 – 习题集 Ⅳ . ① D411-44

中国国家版本馆 CIP 数据核字（2023）第 099776 号

国际工会运动知识题库

出 版 人	董 宽
责任编辑	杨 轶
责任校对	张 彦
责任印制	栾征宇
出版发行	中国工人出版社
地　　址	北京市东城区鼓楼外大街45号　邮编：100120
网　　址	http://www.wp-china.com
电　　话	（010）62005043（总编室） （010）62005039（印制管理中心） （010）62382916（工会与劳动关系分社）
发行热线	（010）82029051　62383056
经　　销	各地书店
印　　刷	北京市密东印刷有限公司
开　　本	787毫米×1092毫米　1/32
印　　张	3.375
字　　数	50千字
版　　次	2023年7月第1版　2023年7月第1次印刷
定　　价	16.00元

目　录
CONTENTS

单项选择题

扫码闯关答题

1. 产业革命初期，资本主义各国都曾出现过工人（　）的风潮，但这种行动不但没能阻止机器的广泛使用，而且没能改变工人阶级自身的悲惨处境。

A. 罢工　　B. 破坏雇主住宅

C. 捣毁机器　　D. 离开工厂

2.（　），在西欧先后出现了一些工会组织。

A. 18 世纪末 19 世纪初　　B. 17 世纪末 18 世纪初

C. 19 世纪　　D. 18 世纪

3. 1824 年，（　）政府迫于工人运动的压力，首先废除了禁止工人结社的法律，此后工会组织得到迅速发展。

A. 法国　　B. 德国　　C. 英国　　D. 意大利

4. 1831 年和（　），法国里昂纺织工人两次起义，揭开了工人运动史上新的一页。

A. 1832 年　　B. 1833 年

C. 1834 年　　D. 1835 年

5. 1836—1848 年，英国发生了规模宏大的（　），这是英国工人阶级为争取自己的权利而掀起的一场声势浩大的工人运动。

A. 卢德运动　　B. 罢工运动

C. 工人起义　　D. 宪章运动

6. （　），德国纺织工业中心西里西亚爆发了有 3000 多名工人参加的武装起义。这次起义虽然是自发的，但斗争的目标明确，就是反对资产阶级剥削、反对私有制。这说明德国工人阶级已经作为独立的政治力量登上了历史舞台。

A. 1843 年　　B. 1844 年

C. 1845 年　　D. 1846 年

7. 1857 年，第一次世界性的经济危机爆发，资本主义的各种矛盾更加激化，资产阶级主要使用（　）的办法，破坏本国工人的罢工运动。

A. 降低工资　　B. 打击工会运动领导人

C. 从国外输入廉价劳动力　　D. 解散工人组织

8. （　）成立的国际工人协会（即第一国际）是各国工人组织首次成功实现工人运动国际联合的体现。

A. 1862 年　　B. 1863 年

C. 1864 年　　D. 1865 年

9. （　）3 月 18 日，巴黎爆发了无产阶级革命，创建了人类历史上第一个无产阶级政权——巴黎公社。

A. 1871 年　　B. 1872 年

C. 1873 年　　D. 1874 年

10. （　）是世界上最早制定单独的集体谈判法的国家，该国于 1904 年颁布了《集体谈判法》。

A. 英国　　B. 美国　　C. 法国　　D. 新西兰

11. 共产国际从（　）3 月成立到 1943 年 6 月解散，其间，对国际工人运动的发展产生了极大影响。

A. 1917 年　　B. 1918 年

C. 1919 年　　D. 1920 年

12. 第二次世界大战战后初期是（　）各国人民民族民主运动空前高涨的时期。

A. 发达资本主义国家　　B. 第三世界

C. 发展中国家　　D. 非洲国家

13. 第二次世界大战结束后，一些国家通过了新的劳工立法，如日本于（　）颁布实施《工会法》，宣布工会活动自由。

A. 1945 年　　B. 1946 年

C. 1947 年　　D. 1948 年

14. 在各国人民的反战联合倾向的影响与推动下，（　）10 月，世界工会联合会（简称“世界工联”）宣告成立。世界工联不分种族、国籍、宗教和政治信仰，把分属不同派系的全世界 90% 的工人联合起来，其成立标志着国际工会运动有史以来达到了空前广泛的团结统一。

A. 1945 年　　B. 1946 年

C. 1947 年　　D. 1948 年

15. 2019 年，国际劳工组织迎来了成立（　），劳动世界面临着由技术创新、人口结构转变、环境与气候变化和全球化所驱动的根本性变革的深远影响。

A. 90 周年　　B. 110 周年

C. 105 周年　　D. 100 周年

16. 20 世纪 70 年代，资本主义世界发生了两次（　），为了补救经济危机所造成的损失，西方国家极力向发展中国家转嫁危机的恶果。

A. 石油危机　　B. 金融危机

C. 生态危机　　D. 粮食危机

17. 为应对全球化对工会运动的挑战，（　），中华全国总工会与世界工联、非工统、阿拉伯工会国际联合会、独联体总工联等工会组织共同发起举办了首届“经济全球化与工会”国际论坛。

A. 2002 年 10 月　　B. 2003 年 10 月

C. 2004 年 10 月　　D. 2005 年 10 月

18. 亚太地区工会运动经历了独有的发展过程，受到政治、经济、文化、宗教、种族和社会习俗等诸多因素的影响，工会运动复杂多样，（　）是亚太工运最重要的特征。

A. 多元化　　B. 发展曲折

C. 经费紧张　　D. 入会率低

19. 东南亚国家联盟工会理事会 1983 年成立于（　），是东南亚地区重要的区域性工会组织。

A. 泰国曼谷　　B. 越南河内

C. 菲律宾马尼拉　　D. 老挝万象

20. 东南亚国家联盟工会理事会的最高权力机构为代表大会，每（　）举办一次，18 个成员组织派代表参加，选举执行委员会成员并决定其他议程。

A. 一年　　B. 两年　　C. 三年　　D. 四年

21. （　），南亚五国工会会议在斯里兰卡首都科伦坡举行，宣布成立南亚区域工会理事会。

A. 1988 年　　B. 1989 年

C. 1990 年　　　　D. 1991 年

22. 南亚工会理事会现由南亚（　）国家的 19 个工会组织组成。

A. 7 个　　B. 8 个　　C. 9 个　　D. 10 个

23. 南亚工会理事会的最高权力机构为（　），每两年召开一次。

A. 执行委员会　　　　B. 代表委员会

C. 代表大会　　　　D. 理事会大会

24. 阿拉伯工会国际联合会成立于（　）3 月 24 日，是在 20 世纪 50 年代阿拉伯民族解放独立运动高涨的形势下成立的阿拉伯世界最具代表性的地区性工会组织。

A. 1955 年　　　　B. 1956 年

C. 1957 年　　　　D. 1958 年

25. 为适应形势变化的需要，2013 年阿拉伯工会国际联合会在（　）设立了活动协调中心。

A. 开罗　　　　B. 大马士革

C. 贝鲁特　　　　D. 拉巴特

26. 阿拉伯主要大国工会都是阿拉伯工联的成员。在 22 个阿拉伯国家中，除（　）、阿拉伯联合酋长国和卡塔尔等三国由政府指定成立全国性劳工委员会外，其余 19 个阿拉伯国家都建立了全国性工会组织，其中 14 个国家建立了唯一的全国性工会联合会。

A. 叙利亚　　　　B. 巴林

C. 沙特阿拉伯　　　　D. 摩洛哥

27. 为了解决全球经济社会挑战和国际工会运动所面临的问题，阿拉伯工联与非工统及世界工联于（　）1 月宣布建立永久性联盟。

A. 2012 年　　　　B. 2013 年

C. 2014 年　　　　D. 2015 年

28. 阿拉伯工联与中国工会有着长期的友好关系。前任总书记马吐克曾（　）出席在中国北京召开的“经济全球化与工会”国际论坛。

A. 9 次　　B. 10 次　　C. 7 次　　D. 8 次

29. 国际工联亚太区域组织代表亚太地区 34 个国家和地区的 50 多个工会组织的（　）名会员，其中缴费会员 2341 万多人。

A. 5000 万　　B. 6000 万

C. 7000 万　　D. 8000 万

30. 国际工联亚太区域组织最高权力机构为（　），每四年至少举行一次，每个成员组织均派代表参会。

A. 区域会议　　B. 代表大会

C. 执行委员会　　D. 区域理事会大会

31. 国际工联亚太区域组织为落实联合国（　）可持续发展目标，特别是公正转型目标，支持各成员工会与国际劳工组织及联合国其他相关机构在成员国的驻地协调员开展交流合作。

A. 2030 年　　B. 2050 年

C. 2065 年　　D. 2060 年

32. 日本工会运动起源于 19 世纪末，（　），日本出现最早的工会组织——工会促进会。

A. 1895 年　　B. 1896 年

C. 1897 年　　D. 1898 年

33. 为提高日本工人的工资，1955 年春季，日本八大产业工会联盟举行了日本历史上的第一次（　），并由此形成日本劳工运动的固定形式。

A. 春斗　B. 夏斗　C. 秋斗　D. 冬斗

34. （　）是日本最大的工会组织，也是国际工联重要的会员团体，长期主导国际工联在亚洲区域的话语权。

A. 日本工会总联合会

B. 日本全国工会总联合

C. 日本全国工会联络协议会

D. 全日本劳动总同盟

35. 日本工会的基本组织形式是（　）。

A. 产业工会　　B. 行业工会

C. 企业工会　　D. 地方工会

36. 日本全国性工会联合会和全国产业工会联合会的最高权力机构是（　）举行一次的全国定期大会。

A. 每一年　　B. 每两年

C. 每三年　　D. 每四年

37. 1862 年，加尔各答爆发了 1200 名（　）罢工，要求缩短工作时间。

A. 铁路工人　　B. 工厂工人

C. 运输工人　　D. 手工艺者

38. 1870 年，印度（　）开始出现工人俱乐部，并出版了第一本劳工杂志。

A. 孟买　　B. 马德拉斯（现金奈）

C. 旁遮普　　D. 加尔各答

39. （　），全印工会大会在印度国民大会党（简称“国大党”）的领导下成立。到 1947 年印度独立时，全印工会大会一直是全国最大的工会组织。

A. 1919 年　　B. 1920 年

C. 1921 年　　D. 1922 年

40. 20 世纪 70 年代初，印度已有（　）全国性总工会，形成了工会运动多元化格局。

A. 11 个　　B. 10 个　　C. 9 个　　D. 8 个

41. 印度全国工会大会成立于 1947 年 5 月 3 日，总部位于（　），会员人数超过 3400 万人（2020 年）。

A. 孟买　　B. 加尔各答

C. 马德拉斯（现金奈）　　D. 新德里

42. 印度劳工工会成立于 1955 年 7 月 23 日，总部位于新德里。截至 2020 年，其下属工会超过 5000 家，覆盖 44 个产业，会员人数达到（　）人。

A. 500 万　　B. 1000 万

C. 1500 万　　D. 2000 万

43. （　）主张按照印度教教义并根据印度的文化传统发展经济，把印度建设成为印度式的现代化国家，反对西方化。

A. 印度全国工会大会　　B. 印度工会中心

C. 印度劳工工会　　D. 印度劳工协会

44. 印度工会中心成立于 1970 年 5 月 30 日，总部位于新德里，接受（　）的领导。

A. 国大党

B. 印度共产党（马克思主义）

C. 印度人民党

D. 德拉维达进步联盟

45. 印度独立后，由于国内多种政治派别并存，（　）长期存在，阶级矛盾依然尖锐。

A. 种姓制度　　B. 贫富差距

C. 国外势力影响　　D. 经济低迷

46. 20 世纪 90 年代以后，印度政府积极推行以（　）和自由化为主要手段的经济改革计划，招致了工会的猛烈批评，反对政府的经济政策成为工会活动的主要内容。

A. 私有化　　B. 减税

C. 降低利率　　D. 加大基础设施投资

47. 20 世纪 90 年代后，随着集体谈判等现代劳资关系管理方式的引入，印度工会也开始采取新的斗争方式，把（　）作为罢工以外解决问题的主要手段。

A. 工会与雇主直接谈判

B. 参与政治活动、影响政府的劳工立法

C. 申请政府仲裁

D. 三方协商

48. 作为国际劳工组织的创始国之一，印度很早就建立了三方协商机制，但这种机制长期流于形式。（　）12 月，三方共同推动成立了劳工大会三方特别委员会并召开了第一次会议，此举被视为三方协商机制的恢复和加强。

A. 1990 年　　B. 1991 年

C. 1992 年　　D. 1993 年

49. 澳大利亚原是英国的殖民地，早期工会运动伴随着反抗殖民的过程不断发展，最早可以追溯到（　）被强迫从事运输业的罪犯举行的罢工。

A. 1791 年　　B. 1792 年

C. 1793 年　　D. 1794 年

50. 澳大利亚工会运动始于（　），当时一些行业的工人逐渐对殖民统治产生不满，矛盾不断激化。

A. 19 世纪 50 年代　　B. 19 世纪 60 年代

C. 19 世纪 70 年代　　D. 19 世纪 80 年代

51. 在澳大利亚早期成立的工会中，最有影响力的是 1850 年在墨尔本和悉尼成立的（　），工会开启了将工作时间从 10 小时缩短到 8 小时的一场运动。

A. 木工工会　　B. 纺织工人工会

C. 铁匠工会　　D. 石匠工会

52. 1891 年，新南威尔士州和昆士兰州的工会成立了新的政党来领导工会运动，（　）诞生。

A. 澳大利亚工党　　B. 自由党

C. 国家党　　D. 单一民族党

53. 澳大利亚工会理事会成立于 1927 年 5 月 3 日，总部位于（　）。

A. 悉尼　　B. 墨尔本

C. 布里斯班　　D. 阿德莱德

54. 从（　）开始，澳大利亚工会理事会成为澳大利亚唯一的全国性总工会，主导着澳大利亚工会运动。

A. 1969 年　　B. 1967 年

C. 1979 年　　D. 1980 年

55. 澳工会理事会全国代表大会是最高权力机构，（　）召开一次，代表由各产业工会和地方工会选举产生。

A. 每一年　　B. 每两年

C. 每三年　　D. 每四年

56. （　），修改后的澳大利亚《产业关系法》规定，把企业一级的集体谈判作为提高工人工资的主要途径，集体谈判也成为澳大利亚工会争取改善工人工资和其他福利待遇的一项主要活动。

A. 1990 年　　B. 1991 年

C. 1992 年　　D. 1993 年

57. 澳大利亚工会理事会注重（　），积极借助有利的政治和社会环境，参与立法和制定政策，以便从根本上保障工会和工人的权利。

A. 过程参与　　B. 三方协商

C. 劳资协调　　D. 源头参与

58. （　）澳工会理事会主席蒙克应中华全国总工会邀请访华，自此，两会建立了正式的友好关系。（　）以后，澳大利亚工会理事会单方面宣布中止与中华全国总工会的交往，但两会部分地方工会和下属煤矿、建筑和能源等产业工会之间仍继续开展交往与合作。（　）5 月，澳大利亚工会理事会主席夏兰·巴洛应中华全国总工会邀请率团访华，双方就进一步发展两会友好交往与合作交换了意见，正式恢复了两组织的交往关系。

A. 1957 年　1989 年　2010 年

B. 1957 年　1988 年　2010 年

C. 1957 年　1989 年　2012 年

D. 1957 年　1990 年　2010 年

59. 新加坡职工总会是新加坡唯一的全国性工会组织，成立于（　）8月17日，现有会员94.3万人。

A. 1959年　　B. 1960年

C. 1961年　　D. 1962年

60. 1925年在大马士革出现了叙利亚的第一个工会，即（　）。

A. 全国印刷工人工会　　B. 全国制革工人工会

C. 全国采矿工人工会　　D. 全国针织品工人工会

61. 叙利亚工联为叙国内唯一一家全国性工会组织，成立于（　），下属8个产业工会和13个省级工会，会员人数约105万人。

A. 1938年　　B. 1939年

C. 1940年　　D. 1941年

62. 非洲大陆的工人阶级出现较晚，最早的工人阶级出现在英法殖民者开发的矿山、种植园和码头等处。（　），非洲的工人阶级有了显著的发展，工会运动也有了较大的起色。

A. 20 世纪初　　B. 第一次世界大战期间
C. 两次世界大战之间　　D. 第二次世界大战后

63. 非洲工会统一组织成立于 1973 年，总部设在（　）。

A. 埃及首都开罗　　B. 尼日利亚首都阿布贾
C. 肯尼亚首都内罗毕　　D. 加纳首都阿克拉

64. 非洲工会统一组织在 2016 年第 39 届总理事会上提出，为实现非盟（　）作出应有的贡献。

A. 《2063 年议程》　　B. 《2035 年议程》
C. 《2050 年议程》　　D. 《2030 年议程》

65. 非洲工会统一组织的最高权力机构是代表大会，每（　）召开一次，代表大会选举执行委员会、主席、副主席和总书记。

A. 三年　　B. 五年　　C. 四年　　D. 一年

66. 东非工会联合会（简称“东非工联”）成立于 1988 年，总部设在坦桑尼亚的阿鲁沙。东非工联的权力机构包括峰会、专家委员会和书记处。（　）

是东非工联的最高权力机构。

A. 代表大会　　B. 峰会

C. 书记处　　D. 执行委员会

67. 东非工会联合会目前有（　）家成员组织，其主要目标是在东非共同体一体化过程中，从各个层面整合东非地区工人力量，捍卫他们的共同利益，通过采取共同行动促进社会公正。

A. 5　　B. 6　　C. 7　　D. 8

68. （　）是唯一在南部非洲发展共同体中具有特殊地位的被正式认可的地区工会联合会。

A. 东非工会联合会

B. 西部非洲工人组织

C. 南部非洲工会协调委员会

D. 中部非洲工人工会组织

69. 在以下非洲的次区域工会组织中，拥有会员国数量最多的组织是（　）。

A. 东非工会联合会

B. 西部非洲工人组织

C. 南部非洲工会协调委员会

D 中部非洲工人工会组织

70. 中国工会代表团曾于（　）赴埃及首都开罗出席世界工联第四届泛非工会会议暨“21 世纪非洲工会运动的当务之急”国际研讨会。

A. 2016 年　　B. 2017 年

C. 2018 年　　D. 2019 年

71. 埃及工会总联合会成立于 1957 年 1 月 30 日，是埃及唯一的全国性工会联合会，也是埃及最大的社会团体之一，它的两个直属机构是（　）。

A. 工人教育局　工人社会局

B. 工人教育局　工人福利局

C. 工人社会局　工会发展局

D. 工会发展局　工人福利局

72. 肯尼亚工会中央组织成立于 1965 年 10 月，总部位于肯尼亚内罗毕，每（　）召开一次工会代表大会。

A. 三年　B. 两年　C. 四年　D. 五年

73. 东部非洲规模最大、最有影响力的工会组织是（　）。

A. 肯尼亚工会中央组织　B. 布隆迪工会联合会

C. 乌干达工会全国组织　D. 坦桑尼亚工会大会

74. （　）是非洲最大的国家性工会，在区域和国际工会运动中都有重要影响。

A. 肯尼亚工会中央组织　B. 埃及工会总联合会

C. 南非工会大会　D. 尼日利亚劳工大会

75. 南非工会大会成立于 1985 年 12 月，总部设在（　），下属产业工会 17 个，共有会员 151.7 万人。

A. 约翰内斯堡　B. 比勒陀利亚

C. 开普敦　D. 德班

76. （　）以“一个产业一个工会，一个国家一个工会联合会”为最终目标，致力于产业工会团结和工会对产业的全覆盖。

A. 埃及工会总联合会　　B. 南非工会大会

C. 肯尼亚工会中央组织　D. 坦桑尼亚工会大会

77. 南非工会大会与非国大、（　）结成了“三方联盟”执政。

A. 南非共产党　　B. 民主联盟

C. 人民大会党　　D. 泛非主义者大会

78. 尼日利亚劳工大会推动工人加入工会的工作卓有成效，目前有（　）名会员。

A. 500 余万　　B. 1000 余万

C. 700 余万　　D. 600 余万

79. 尼日利亚唯一的全国性工会组织是（　）。

A. 尼日利亚工会大会　　B. 工人联合阵线

C. 尼日利亚劳工大会　　D. 联合工人大会

80. 尼日利亚劳工大会的最高决策机构是（　），每四年举办一次。

A. 全国行政委员会　　B. 中央工作委员会

C. 全国执行委员会　　D. 全国代表大会

81. （　）是工会运动的发源地，世界上第一个工人组织和第一个现代意义的工会诞生于此。

A. 欧洲　　　　B. 北美洲

C. 亚洲　　　　D. 南美洲

82. 1794—1796年，在最先开始工业革命的英国，羊毛加工业工人和（　）开始建立第一批工人团体。

A. 印刷工人　　　　B. 木匠

C. 铁匠　　　　D. 缝纫工人

83. 19世纪欧洲三大工人运动是法国里昂纺织工人两次起义、英国宪章运动和（　）。

A. 卢德运动

B. 巴黎公社

C. 德国西里西亚纺织工人起义

D. 1848年欧洲革命

84. 20世纪90年代后，欧洲工会的社会地位是通过（　）来体现的。

A. 社会伙伴关系　　　　B. 结社自由权

C. 集体谈判权　　　　　D. 罢工权

85. （　）是第一国际的创始人之一和实际领导者，他出席了成立大会，并且被选入主席团，当选为临时委员会委员兼德国通讯书记，为第一国际起草了成立宣言和共同章程等重要文件。

A. 马克思　B. 恩格斯　C. 克里默　D. 左尔格

86. 1872 年海牙代表大会后，第一国际总部迁至纽约，与欧洲各支部的联系逐渐削弱，美国支部内部派别斗争激烈。在这种情况下，第一国际的组织形式已经不能适应新的形势的要求，（　）7 月 15 日费城代表会议正式宣布解散第一国际。

A. 1875 年　B. 1876 年　C. 1877 年　D. 1878 年

87. 被欧洲工会奉为最基本的权利的是（　）。

A. 结社自由权　　　　　B. 集体谈判权

C. 参与权　　　　　　　D. 罢工权

88. （　）是世界上最早承认工人结社自由权的国家。

A. 法国　B. 德国　C. 英国　D. 美国

89. 欧洲工会联合会现有41个国家的93个总工会，10个欧洲产业工会联合会，会员（　）人。

A. 6500多万　　B. 5500多万

C. 4500多万　　D. 3500多万

90. 欧洲工会联合会的组织结构包括代表大会、执委会和（　）。

A. 理事会　　B. 书记处

C. 监督委员会　　D. 秘书处

91. 1993年，欧洲工会联合会将（　）定为“欧洲工会行动日”，举行活动，向各国雇主和政府表明工人和工会对保障就业、改进社会福利、反对就业歧视和种族主义的决心。

A. 4月2日　　B. 5月2日

C. 6月2日　　D. 7月2日

92. 1990年6月，欧洲工会联合会在日内瓦召开的执委会研究了1989年以来东欧的变化，决定成立（　），其主要目的是发展与东欧工会的关系。

A. 欧洲工会大学　　B. 欧洲工会研究所

C. 欧洲工会论坛　　D. 欧洲工会协调委员会

93. （　），体现了建立超国家的欧洲工会的基本理念。大会确定的方针包括，通过社会对话建立欧洲框架内的劳动关系体系，协调欧洲企业集体谈判。

A. 1999 年赫尔辛基欧工联第九次代表大会

B. 2003 年布拉格欧工联第十次代表大会

C. 2011 年雅典欧工联第十二次代表大会

D. 2015 年巴黎欧工联第十三次代表大会

94. 目前，一些欧洲国家的工会运动仍然拥有对社会政治的很大干预力，同时对整体劳工社会问题保持着传统的动员力，包括组织全国性总罢工。最具代表性的国家是（　）。

A. 英国　　B. 德国　　C. 法国　　D. 瑞典

95. 在欧洲，一些国家的工人代表参加大企业的董事会或监事会，参与对企业的管理。最具代表性的国家是（　）。

A. 英国　　B. 德国　　C. 法国　　D. 意大利

96. 1851 年，英国成立了（　），这标志着英国第一个全国性行业工会的诞生，从而奠定了现代英国工会模式的基础。

A. 煤矿工人混合工会　　B. 纺织工人混合工会

C. 海员混合工会　　D. 机械工人混合工会

97. 英国政府于（　）颁布《工会法》，从此工会组织完全获得了合法地位。

A. 1861 年　　B. 1871 年

C. 1881 年　　D. 1891 年

98. 19 世纪 80—90 年代，英国工人开展了“新工会运动”，这一运动的最大特征是（　）。

A. 打破了原来只有技术工人才可以入会的限制

B. 打破了对女性工人入会的限制

C. 提倡工会联合

D. 提倡工会的经济独立

99. 职工大会是英国唯一的全国性总工会，成立于

（　），也是世界上成立最早的全国性总工会。

A. 1868 年　　B. 1869 年

C. 1870 年　　D. 1871 年

100. 撒切尔政府于 1980 年公布了（　），并于 1982 年在议会得到了通过。该法案规定，企业工会若要得到企业资方的承认并拥有集体谈判权，就必须证明 80%的企业工人是工会会员。这是对工会本身以及集体谈判权的严厉限制。

A. 《工会法》　　B. 《劳资关系法》

C. 《就业法》　　D. 《结社法》

101. 1898 年，英国（　）的雇主和工会签订了全国性的集体协议。这个协议成为英国产业关系史上最著名的协议，也是英国集体谈判历史上涉及范围最广泛的协议。

A. 纺织业　　B. 金属加工业

C. 印刷业　　D. 工程业

102. 英国工人参与企业管理制度始于（　）。

A. 第一次世界大战期间

B. 第二次世界大战期间

C. 两次世界大战之间

D. 第二次世界大战后

103. 在德国工人运动的初创阶段，（ ）唤醒了德国工人的阶级意识，出现了第一批工会和工人组织。

A. 七年战争　　B. 拿破仑战争

C. 1848 年革命　　D. 普法战争

104. 1949 年 10 月，拥有 17 个产业工会、近（ ）名会员参加的德国工会联合会宣告成立。

A. 400 万　　B. 500 万

C. 600 万　　D. 700 万

105. 20 世纪 80 年代以后，保障就业、反对政府削减社会福利的政策，成为德国工会运动的主要内容。德国工会联合会把（ ）作为解决失业问题的重要途径之一。

A. 缩短工时　　B. 增加就业岗位

C. 向工人提供职业培训　D. 提供失业保险

106. 德国工会联合会下属 8 个产业工会的组织机构与工会联合会相似，各产业工会的结构包括（　）。

A. 联邦、州、郡三级

B. 联邦、州、县三级

C. 联邦、州、市三级

D. 联邦、州、市镇三级

107. （　）是德国最大的工会组织，同时也是西欧最大的工会组织。

A. 德国工会联合会

B. 德国公务员联合会

C. 德国职员工会

D. 德国基督教工会联合会

108. 德国工会联合会的直接会员是（　）。

A. 地方工会　　B. 企业工会

C. 产业工会　　D. 个人

109. 德国的工会信任人是企业工会工作的重要环节，

工会信任人的产生方式是（　）。

A. 雇主方指定

B. 工会与雇主方协商确定

C. 工会与政府协商确定

D. 基层工会会员大会选举产生

110. 请从以下选项中选出不属于德国工会联合会的主要职责（　）。

A. 制定工会社会经济方面的有关政策

B. 对各产业工会的政策进行协调

C. 直接参与劳资谈判以及签订集体合同

D. 出面调解工会内部出现的争端

111. （　）4月，美、英、法三国在联合经济区颁布了《集体合同法》。后来，联邦德国在1969年和1974年又先后对该法进行了修订，劳资集体谈判制度和劳资关系被全面纳入联邦德国法制化轨道。

A. 1948年　　B. 1949年

C. 1950年　　D. 1951年

112. 德国的职工委员会最早出现于20世纪20年代。德国的《企业法》规定，凡是有（ ）以上职工的企业均可建立企业职工委员会。

A. 5名　　B. 10名

C. 20名　　D. 15名

113. 1880年，在瑞典斯德哥尔摩的一家（ ）诞生的工会，组织了该国历史上第一次罢工。

A. 磨坊　　B. 铁匠铺

C. 细木工厂　　D. 造船作坊

114. 成立于1898年的（ ）是瑞典历史最悠久、会员人数最多的全国性工会组织，其会员主要是蓝领工人，分布在传统的制造业。

A. 瑞典总工会

B. 瑞典职员中央组织

C. 瑞典专业人员工会联合会

D. 瑞典公务员工会联合会

115. 瑞典共有（ ）家全国性总工会。

A. 2　　B. 3　　C. 4　　D. 5

116. （　）瑞典全国性的白领工人组织——瑞典职员中央组织正式成立，逐步发展成为瑞典工会运动中一支强大的力量。

A. 1944 年　　B. 1945 年

C. 1946 年　　D. 1947 年

117. （　），公共部门的雇员获得了集体谈判权，自此，瑞典的所有工人都有权参加集体谈判。

A. 1962 年　　B. 1963 年

C. 1964 年　　D. 1965 年

118. 从 20 世纪 70 年代起，瑞典工会的工作重点出现重大转变。面对技术创新、结构调整和合理化运动等挑战，瑞典工会认识到，必须拥有参与讨论和进行监督的权利，在生产上也必须享有发言权。（　）的问题成为瑞典工会的主要工作目标。

A. 参与企业管理

B. 参与国家劳动立法过程

C. 提高工会会员知识水平

D. 工业民主

119. （　）是瑞典工会运动的重要特色之一，也是瑞典工人入会率高的原因之一。

A. 兴办失业保险　　B. 控股大众银行

C. 经营报刊公司　　D. 创办住房合作社

120. （　）4月，瑞典总工会主席万嘉·伦德碧·维丁率代表团正式访华，标志着两国工会关系的恢复和发展。

A. 2003年　　B. 2004年

C. 2005年　　D. 2006年

121. （　），在全国工会联合会、全国性的劳动介绍所联合会的基础上，成立了法国总工会。

A. 1895年　　B. 1896年

C. 1897年　　D. 1898年

122. 第一次世界大战后，法国社会党发生分裂，其左翼建立了法国共产党。法国总工会随之分裂，其左翼建立了（　）。

A. 法国工人力量总工会

B. 法国统一总工会

C. 法国劳工民主联合会

D. 高级职员联合会

123. 法国会员人数最多的全国性工会组织是（　）。

A. 法国工人力量总工会

B. 法国统一总工会

C. 法国劳工民主联合会

D. 高级职员联合会

124. 俄罗斯初期的工人组织出现于（　）。

A. 19 世纪 50—60 年代

B. 19 世纪 60—70 年代

C. 19 世纪 70—80 年代

D. 19 世纪 80—90 年代

125. 美国工会早期开展了争取缩短工时的运动，将（　）工作制作为斗争目标。

A. 8 小时　　B. 9 小时

C. 10 小时　　D. 12 小时

126. （　），美国出现了历史上第一个行业工会，并组织工人与资方进行了谈判。这时的工会还带有互助会性质。

A. 1789 年　　B. 1790 年

C. 1791 年　　D. 1792 年

127. 1886 年 5 月 1 日，美国（　）工人举行大罢工，反对资本家的残酷剥削，要求实行八小时工作制，终于取得了胜利。

A. 纽约　　B. 芝加哥　　C. 费城　　D. 汉普顿

128. 罗斯福新政时期，工会运动有了新的进展。当时政府颁布了（　），工会获得了集体谈判的权利。

A. 《社会安全法》　　B. 《农业调节法》

C. 《紧急银行法》　　D. 《国家产业复兴法》

129. 美国工会运动发展成为国家政治经济生活中的重要力量，工会组织结构也基本形成是在（　）。

A. 第一次世界大战期间

B. 两次世界大战之间

C. 第二次世界大战期间

D. 第二次世界大战后

130. 1947 年美国国会通过的限制工会活动的法案是（　）。

A.《国家产业复兴法》　B.《社会安全法》

C.《紧急银行法》　D.《塔夫脱-哈特莱法》

131. （　），劳工联合会与世界产业工人联盟合并，成立了美国劳联-产联，美国工会运动由此进入了一个新的发展阶段。

A. 1955 年　B. 1956 年

C. 1957 年　D. 1958 年

132. 1980 年后，美国工会入会率急剧下降。在随后的五年中，工会丢失了约（　）的会员。

A. 1/2　B. 1/3　C. 1/4　D. 1/5

133. （　）是美国工会组织的最基本单位，主要处理工会的日常工作及负责组织工人。

A. 地方分会　　B. 企业分会

C. 行业分会　　D. 州总工会

134. 美国全国性产业工会一般每（　）年举行一次大会，形式与大型政党的全国大会相似。

A. 2　　B. 3　　C. 4　　D. 5

135. 1996 年，美国汽车工人工会、国际机械师联合会与美国钢铁工会合并为北美五金工人联合会，成为（　）最大的（　）。

A. 美国　行业性产业工会

B. 美国　全国性产业工会

C. 北美洲　行业性产业工会

D. 北美洲　全国性产业工会

136. 美国的集体谈判最早出现于（　），但一直受到雇主的抵制，因此并没有形成规模，仅在个别行业和地区时断时续地进行。经过工会和工人长期不懈的斗争，1929—1933 年的经济危机之后，为了恢复生产、振兴经济和保障社会稳定，雇主和政府才不得不承认集体谈判的合法性。

A. 19 世纪初期　　B. 19 世纪中期

C. 19 世纪末期　　D. 20 世纪初期

137. （　），美国政府颁布了《国家劳动关系法》（《瓦格纳法》，1947 年修改为《国家劳资关系法》）。该法第七条规定：雇员们有权组织起来，有权组建、加入或帮助工会组织，有权通过自己选出的代表与雇主进行谈判。集体谈判在国家法律中得到了正式承认。

A. 1935 年　　B. 1936 年

C. 1937 年　　D. 1938 年

138. 美国法律将集体谈判的内容分成（　）。

A. 强制性　　B. 非强制性

C. 不合法　　D. 上述选项均正确

139. 在美国，集体谈判中的不合法内容必须由（　）认定。

A. 国家法律和雇主

B. 国家劳动关系委员会和雇主

C. 国家法律和国家劳动关系委员会

D. 上述选项均不正确

140. 美国集体谈判采用的主要形式是（　）。

A. 分散谈判

B. 集中谈判

C. 雇主与工会一对一谈判

D. 雇主与工会一对多谈判

141. 美国集体谈判的基本原则是（　）。

A. 谈判应在国家法律规定的范围内有序平等地进行

B. 劳资双方独立自主地签订集体协议

C. 政府不得进行行政干涉

D. 以上选项均正确

142. 迄今为止，根据《国家劳动关系法》以及其他联邦、州和地区法规，有近（　）的美国工人享有集体谈判权。

A. 60%　　B. 70%　　C. 80%　　D. 90%

143. 美国工会宏观参与的主要方式是（　）。

A. 议会院外参与　　B. 支持政党竞选

C. 组织工人运动　　D. 组建政党参政

144. 美国工人参与企业管理的具体形式为（　）。

A. 劳资委员会　　B. 集体谈判

C. 工人股份制　　D. 上述选项均正确

145. 在美国，劳资委员会的组织形式在（　）开始形成，在两次世界大战期间曾经得到广泛的推广。“二战”后一度不被重视，20 世纪 70 年代经济“滞胀”之后再次兴起。

A. 19 世纪末　　B. 20 世纪 10 年代

C. 20 世纪 20 年代　　D. 20 世纪 30 年代

146. （　），拉丁美洲建立了第一个全洲地区性的工会组织——泛美工人联合会。

A. 1916 年　　B. 1917 年

C. 1918 年　　D. 1919 年

147. 1948 年 1 月，17 个美洲国家的工会代表成立了包括美国产联在内的（　），为此后国际自由工联成立美洲区域工人组织奠定了基础。

A. 泛美劳工联合会　　B. 美洲劳工联合会

C. 泛美工人联合会　　D. 美洲工会联合会

148. 国际自由工联和世界劳联合并后，（　）于 2008 年 3 月 28 日成立，成为美洲（含加勒比地区）最大的地区性工会组织。

A. 泛美劳工联合会　　B. 美洲劳工联合会

C. 泛美工人联合会　　D. 美洲工会联合会

149. 2017 年 4 月，15 个国家的 30 家工会组织在哥伦比亚波哥大召开（　）成立大会。

A. 泛美劳工联合会　　B. 美洲区域工人组织

C. 美洲工会联合会　　D. 美洲工会民主抉择

150. 下列选项中接受共产党领导的工会是（　）。

A. 美国　　B. 加拿大

C. 古巴　　　　D. 巴西

151. 加拿大成立最早的工会是1827年成立的魁北克市（　）。

A. 木工工人组织　　　　B. 煤矿工人组织

C. 机械工人组织　　　　D. 印刷工人组织

152. 1833年，蒙特利尔工匠互助会在要求实行（　）工作制、改善劳动条件的斗争中宣告成立。在它的影响下，加各地也先后成立了类似的工人组织。

A. 8小时　　　　B. 9小时

C. 10小时　　　　D. 12小时

153. 1871年，多伦多行业工人大会宣告成立，领导争取（　）小时工作日和增加工资的斗争。

A. 8　　B. 9　　C. 10　　D. 12

154. （　）4月23日，加拿大两家全国性总工会加拿大行业劳工大会和加拿大劳动者大会合并成立了加拿大劳工大会，现为加拿大最大的全国总工会。

A. 1955年　　　　B. 1956年

C. 1957 年　　D. 1958 年

155. 加拿大工会会员的分布，公共领域大于私营领域，其中入会率最高的行业是（　）。

A. 制造行业　　B. 矿产业

C. 建筑行业　　D. 互联网行业

156. 加拿大工人于19世纪20年代开始组织起来，最早的工会是（　）。

A. 手工艺行业工会　　B. 船员行业工会

C. 建筑行业工会　　D. 纺织行业工会

157. （　）召开了古巴第一次工人代表大会，（　）第一次举行“五一”游行。

A. 1886 年　1891 年

B. 1887 年　1890 年

C. 1886 年　1890 年

D. 1887 年　1891 年

158. （　）8月召开了第一届巴西工人阶级代表大会，代表着1200万名工会会员。大会选出由56人组成的巴西工人统一中央工会筹委会。

A. 1980 年　　B. 1981 年

C. 1982 年　　D. 1983 年

159. 20 世纪 90 年代后，统一工会创始人卢拉凭借工会的支持和在劳动阶层中的广泛影响转而从政，担任巴西劳工党主席，并连续三次参加总统竞选，于（　）10 月当选。

A. 2001 年　　B. 2002 年

C. 2003 年　　D. 2004 年

160. 墨西哥工人联合会成立于（　）2 月，现有会员 400 万人，是墨西哥最强大的工会组织，同时也是拉美最大的工会之一。

A. 1930 年　　B. 1931 年

C. 1932 年　　D. 1933 年

161. 国际劳工组织成立于（　）11 月 29 日，总部位于（　）。

A. 1918 年　瑞士洛桑

B. 1919 年　瑞士日内瓦

C. 1920 年　美国纽约

D. 1921 年　荷兰海牙

162. 1919 年 10 月 29 日至 11 月 29 日，第一届国际劳工大会在（　）举行，国际劳工组织宣布成立，成为国际联盟的一个下属机构。

A. 美国华盛顿　　B. 美国纽约

C. 瑞士日内瓦　　D. 荷兰海牙

163. 当今，“体面劳动”一词已经被联合国、世界银行集团、国际货币基金组织等国际多边组织广泛使用，实现“人人享有体面劳动”也成为一个全球性共识，并被列入联合国可持续发展目标（目标八）。“体面劳动”的概念首次出现于（　）。

A. 1998 年　　B. 1999 年

C. 2000 年　　D. 2001 年

164. 2019 年 6 月，第 108 届国际劳工大会通过了（　）。该文件明确了劳工组织在第二个百年的目标和方向，在国际劳工组织历史上具有里程碑意义。

A.《国际劳工组织关于工作中的基本原则和权利宣言》

B.《一个公平的全球化：为所有人创造机会》

C.《国际劳工组织关于劳动世界的未来百年宣言》

D.《为了更加美好的未来而工作》

165. 国际劳工组织总干事兼任的职务是（　）。

A. 工人活动局局长

B. 都灵国际培训中心负责人

C. 国际劳工大会理事会主席

D. 国际劳工局局长

166. 国际劳工大会是国际劳工组织的最高权力机构，正常情况下每年（　）在瑞士日内瓦举行。

A. 5 月　B. 6 月　C. 7 月　D. 8 月

167. 请从下列选项中选出国际劳工局的内设部门（　）。

A. 国际劳工标准司　　B. 非洲区域局

C. 都灵国际培训中心　D. 国际社会保障协会

168. 国际劳工组织理事会一般每年召开（　）会议。

A. 两次　B. 三次　C. 四次　D. 五次

169. 理事会是国际劳工组织的（　）。

A. 咨询机构　B. 监督机构

C. 决策机构　D. 执行机构

170. 国际劳工组织理事会的成员包括（　）。

A. 政府理事　B. 工人理事

C. 雇主理事　D. 上述选项均正确

171. 国际劳工组织章程规定了一系列监督程序，以监督和审议各项公约的执行情况。国际劳工组织监督机制之一的特别程序，主要包括（　）。

A. 抗议程序　B. 控诉程序

C. 结社自由的特别程序　D. 上述选项均正确

172. 国际劳工组织为确保监督程序，设立的监督机构是（ ）。

A. 公约和建议书实施专家委员会

B. 国际劳工大会标准实施委员会

C. 结社自由委员会

D. 上述选项均正确

173. 国际劳工公约中的基本劳工公约又被称为（ ）。

A. 核心公约　B. 优先公约

C. 一般公约　D. 重点公约

174. 国际劳工公约中的技术劳工公约又被称为（ ）。

A. 核心公约　B. 优先公约

C. 一般公约　D. 专项公约

175. （ ）7 月 16 日，中国加入国际劳工组织，是该组织创始国之一。

A. 1918 年　B. 1919 年

C. 1920 年　D. 1921 年

176. 自（ ）起，中国成为国际劳工组织的 10 个常任理事国之一，更多地参与该组织活动。

A. 1943 年　　B. 1944 年

C. 1945 年　　D. 1946 年

177. 中国在 1983 年 6 月派出三方代表团参加了（　）国际劳工大会，从此恢复了在国际劳工组织的活动。

A. 第 66 届　　B. 第 67 届

C. 第 68 届　　D. 第 69 届

178. 在 2011 年的第 100 届国际劳工大会上，中国工会代表首次当选工人正理事，在此之后，中国工会代表又当选了（　）工人正理事。

A. 1 次　　B. 2 次　　C. 3 次　　D. 4 次

179. 世界工联成立于 1945 年 10 月 3 日，总部原来设在（　），2006 年 1 月迁往雅典，是第二次世界大战结束后不久成立的一个具有广泛代表性的国际工会联合组织。

A. 巴黎　　B. 布拉格

C. 柏林　　D. 莫斯科

180. 1945 年 9 月 25 日至 10 月 9 日，在（　）召开了世界工联第一次代表大会，大会通过了世界工联的章程，选举了领导机关，正式建立了世界工联。

A. 巴黎　　B. 伦敦

C. 布拉格　　D. 日内瓦

181. （　）自 2005 年担任世界工联总书记以来，曾 20 多次访问中国，与中华全国总工会保持着良好的沟通与合作关系。

A. 阿迪布・米罗

B. 阿琼西亚・安娜斯塔萨奇

C. 乔治・马瑞克斯

D. 穆罕默德・夏阿班・阿祖兹

182. 国际工会联合会是目前世界上最大的国际性工会组织，成立于（　）11 月，其主要任务是应对经济全球化挑战，通过工会之间的国际合作、全球运动和全球主要机构内的宣传，促进和维护工人的权益和利益。

A. 2003 年　　B. 2004 年

C. 2005 年　　D. 2006 年

183. 代表西方阵营，主张结社自由、工会独立和工会组织多元化的国际劳工组织是（　）。

A. 美国劳联-产联　　B. 国际自由工联

C. 世界工会联合会　　D. 世界劳工联合会

184. 经过多轮谈判，国际自由工联、世界劳联最终达成一致，于 2006 年 10 月 31 日各自宣布解散，于次日即 11 月 1 日在（　）宣布成立国际工联。

A. 维也纳　　B. 海牙

C. 巴黎　　D. 纽约

185. 国际工联的最高权力机构是代表大会，每（　）年召开一次。

A. 两　　B. 三

C. 四　　D. 上述选项均不正确

186. 国际工联总理事会由代表大会选出的 70 名委员组成，其中委员人数最多的大洲是（　）。

A. 亚洲　　B. 非洲
C. 美洲　　D. 欧洲

187. 中国工会于（　）与国际工联正式建立对话交流关系。

A. 2007 年　　B. 2008 年
C. 2009 年　　D. 2010 年

188. 国际工联系统并无下属的国际产业工会组织，而是以“全球工会联合会”的形式存在。某一全球工会联合会是代表一个或多个相关行业工人的国际性产业工会组织。目前共有（　）全球工会联合会。

A. 6 家　　B. 7 家　　C. 8 家　　D. 9 家

189. 成立时间最早的全球工会联合会是（　）。

A. 国际运输工人联合会
B. 国际建筑工会
C. 国际机械工人联合会
D. 国际食品农业酒店餐饮烟草工人联合会

190. 二十国集团劳动会议是二十国集团认可的配套活动之一，是国际工会运动在二十国集团机制中发挥作用的重要平台，于 2008 年在华盛顿首次召开，（ ）正式得到二十国集团认可。

A. 2009 年　　B. 2010 年

C. 2011 年　　D. 2012 年

191. （ ）年 7 月中华全国总工会承办了二十国集团劳动会议。

A. 2008　　B. 2012

C. 2016　　D. 2020

192. （ ）年 12 月，俄罗斯联邦劳动与社会保护部、俄罗斯独立工会联合会和俄罗斯企业家联盟在莫斯科联合举办了体面劳动三方高层会议。中国工会代表团出席了会议。会议期间，金砖五国的工会代表举行了会晤并在合作协议上签字，标志着金砖国家工会论坛正式启动。

A. 2009　　B. 2010　　C. 2011　　D. 2012

193. 国际劳工组织统计显示，首次在双边（或多边）贸易协定中引入可强制执行的劳工条款的国家是（　）。

A. 英国　　　　B. 加拿大

C. 日本　　　　D. 美国

194. 近年来，一些发展中国家迫于欧美国家在政治经济和舆论等方面的多重压力，同时也出于摆脱自身经济困境、提升自身在国际贸易中的地位和影响的考虑，开始逐渐接受在贸易协定中纳入劳工条款。截至2019年，发展中国家之间签署的包含劳工条款的贸易协定已占总数的（　）。

A. 1/2　　B. 1/3　　C. 1/4　　D. 1/5

195. 贸易协定中的争端解决机制一般包括报告、劳动磋商、仲裁、成立专家组调查和审议、专家组决定等多个程序，只有在对话协商渠道穷尽后才启动争端解决机制，且只有（　）才有权启动争端解决机制。

A. 国际劳工组织　　B. 缔约国政府

C. 雇主代表　　D. 工会代表

196. 根据缔约国谈判情况，不同区域贸易协定的劳工条款形式各有差别。当下各方普遍认为更具约束力的劳工条款形式是（　）。

A. 附属协议　　B. 平行协议

C. 嵌入式　　D. 例举式

197. 2012 年，东盟率先发起倡议。东盟 10 国和中国、日本、韩国、澳大利亚、新西兰共 15 个国家历经 8 年 31 轮正式谈判，克服新冠肺炎疫情带来的巨大困难，于 2020 年 11 月 15 日正式签署《区域全面经济伙伴关系协定》（RCEP）。2021 年 3 月 22 日，（　）完成 RCEP 核准，成为率先批准该协定的国家。

A. 中国　　B. 韩国　　C. 日本　　D. 澳大利亚

198. （　）11—12 月，中华全国总工会承办的世界工联亚洲澳洲工会代表会议在北京胜利召开，这是新中国成立后第一次在中国举行的工会国际会议。

A. 1952 年　　B. 1951 年

C. 1950 年　　D. 1949 年

199. （　）6 月，在多方的共同努力下，中国工会代表成功当选国际劳工组织工人正理事，这是 1983 年我国恢复在国际劳工组织的活动以来，中国工会代表首次当选该组织工人正理事。

A. 2009 年　　B. 2010 年

C. 2011 年　　D. 2012 年

200. 在 2021 年第 109 届国际劳工大会工人正理事选举中，中国工会代表（　）成功连任了工人正理事，坚决维护了中国工会在国际劳工组织中的地位和话语权。

A. 第二次　　B. 第三次

C. 第四次　　D. 第五次

多项选择题

扫码闯关答题

1. 第二国际巴黎代表大会（1889 年）通过了为争取国际工人合法权益制定劳工法的决议，其主要内容包括（　）。

A. 实行 8 小时工作制

B. 禁止雇佣未满 14 岁的童工，未满 18 岁的男女青工的工作时间不得超过 6 小时

C. 禁止在有害妇女身体健康的生产部门雇佣女工

D. 工人不分性别、民族，一律同工同酬

2. 1917 年俄国的十月革命，开创了俄国历史的新纪元。列宁创造性地提出了关于社会主义建设的理论，从而丰富和发展了马克思主义，为国际工会运动的发展作出了重要贡献。请从下列选项中选出列宁关于社会主义工会理论的重要观点（　）。

A. 工会是一个教育的组织，是吸引和训练工人的组

织，是共产主义的学校

B. 工会是党联系群众的纽带

C. 工会的活力表现为广泛发扬工人民主，同官僚主义和命令主义作斗争

D. 工会要关心工人的物质利益和文化生活

3. 20 世纪 90 年代，为适应社会和政治经济结构的变化以及国际形势格局的调整，西方工会积极进行改革和调整，主要措施包括（　）。

A. 工会继续扩大活动范围，从收入分配领域逐步扩大到更广泛的领域

B. 工会组织对活动方式也进行了调整，开始淡化与政党的关系和意识形态色彩

C. 区域性工会组织的作用不断加强

D. 工会的经济保护主义日益突出

4. 20 世纪 90 年代，发展中国家的政治经济形势发生了巨大的变化，这些国家的工会运动主要面临的问题是（　）。

A. 国家政治多元化导致了工会组织的分裂

B. 经济自由化在相当程度上动摇了工会的组织基础

C. 工会或多或少地疏离了政府或政党，表现出了更大的独立性

D. 大多数发展中国家的工会面对困难形势积极调整对策

5. 进入 21 世纪，随着经济全球化深入发展，由国际垄断资本倡导和推行的新自由主义在全球泛滥，国际工会运动出现的新趋势是（　）。

A. 工会的斗争目标转向体面劳动

B. 工会代表和维护的对象从一部分工人转向全体工人

C. 工会工作的基本理念从工联主义走向战略工联主义

D. 工会维护工人权益的格局从一国范围走向更广泛的工会联合以及同其他社会组织合作

6. 2014 年，国际金融危机影响持续蔓延，世界经济总

体增长乏力，复苏进程依然缓慢。这一时期，国际工会运动的特点是（　）。

A. 理性依法维权成为趋势

B. 工会运动中的利益保护主义增多

C. 国际工运格局中多种力量博弈

D. 工会组织呈现合并集中的趋势

7. 随着经济全球化发展，亚太地区各国工会面临的共性课题越来越多，主要为（　）。

A. 非正规就业人数不断增多

B. 移民工数量巨大

C. 工会数量众多，力量分散

D. 亚太地区国家工会的能力建设有待加强

8. 东盟工会理事会的主要目标包括（　）。

A. 在决策和政策制定中代表东盟国家工人的集体利益

B. 寻求东盟秘书处的理解与合作

C. 各国工会积极参与本国的政治活动

D. 提升东盟国家工人福利水平

9. 随着东盟一体化发展，东盟地区移民工问题凸显。在加强对东盟及相关区域移民工权益保护方面，东盟工会理事会采取了一系列行动，主要包括（　）。

A. 积极签订相关协议，形成移民工体面劳动政策框架

B. 制定移民工相关政策文件

C. 加强移民工相关研究、宣传和政策落实

D. 为移民工提供生活补贴

10. 东盟工会理事会于 2018 年建立了东盟工会理事会青年和妇女委员会，规定了东盟工会理事会青年和妇女委员会职权范围，并制定了《东盟工会理事会青年和妇女委员会 2018—2020 工作计划》，其工作目标为（　）。

A. 积极推动下属青年和妇女工会会员参与地区和国家移民政策的改善和落实

B. 提高青年和妇女工会会员在职业安全卫生和反

性别暴力运动中的参与度

C. 提高青年和妇女工会会员的劳动报酬

D. 提高青年和妇女工会会员在工会和其他组织中的代表性

11. 2012年，南亚工会理事会在斯里兰卡召开了执行委员会会议，其中移民工问题是南亚工会理事会的重点关切，南亚工会理事会为此开展了一系列与保护移民工相关的活动，主要活动是（　）。

A. 制定移民工相关政策

B. 跟踪成员组织移民工状况

C. 敦促南亚各国加快批准并履行国际劳工组织第87号、第97号、第98号、第143号、第189号等与移民工相关的公约

D. 为移民工发放失业救助金

12. 国际工联亚太区域组织的宗旨是“提高工人及其家人的工作和生活条件，为维护人权、实现社会公正、性别平等、（　）而奋斗”。

A. 和平　B. 自由　C. 平等　D. 民主

13. 被誉为日本企业经营模式的“三大支柱”的是（　）。

A. 企业工会　B. 春斗

C. 终身雇佣制　D. 年功序列制

14. 20世纪90年代日本泡沫经济崩溃，各产业工会的主要目标已由“增薪”变为（　）。

A. 保底　B. 提底

C. 缩小收入差距　D. 改善工作条件

15. 根据日本《工会法》、《劳动基准法》、《劳动关系调整法》的相关规定，工人拥有的基本权利为（　）。

A. 组织工会　B. 参与企业管理

C. 进行集体谈判　D. 罢工

16. 印度全国工会大会的最高权力机构全国代表大会，选举全国理事会，全国理事会会议选举（　）等。

A. 主席　B. 副主席

C. 总书记　　　　D. 司库

17. 新加坡工会的主要活动包括（　）。

A. 集体谈判　　　　B. 组织罢工

C. 全力做好会员服务　　　　D. 兴办经济实体

18. 非洲近代史上曾饱受殖民侵略之痛，20 世纪 20 年代，非洲仅存的独立国家为（　）。

A. 埃塞俄比亚　　　　B. 摩洛哥

C. 埃及　　　　D. 利比里亚

19. 非洲各国工会运动因地域、文化以及经济发展水平的差异而各具特点，但总体呈现出的特点是（　）。

A. 普遍实现多元化、工会组织众多

B. 工会宣称独立于政府和政党，实际上与其保持密切联系

C. 工会组织吸引力下降，能力建设有待加强

D. 日益关注非洲大陆的和平与发展

20. 非洲工会统一组织及多个非洲国家工会组织在应对疫情、保护工人就业和生活方面发挥了重要作用，

主要作为是（　）。

A. 推动政府为工人接种疫苗

B. 向工人发放抗疫物资

C. 探索后疫情时代维护工人利益

D. 与资方协商保留工作岗位

21. 在以（　）为主题的年代，非工统的工作重点是为实现民族独立和解放、发展民族经济，以及维护非洲工会运动的团结和统一而共同努力。

A. 反帝　　B. 独立　　C. 反殖　　D. 反霸

22. 非洲的次区域工会组织以地理区域为界限，分为（　）。

A. 东非工会联合会

B. 南部非洲工会协调委员会

C. 西部非洲工人组织

D. 北部非洲工人工会组织

23. 肯尼亚中央工会的行动策略是在（　）的条件下开展活动、建设产业工会，发展工人教育。

A. 尊严　　B. 自由　　C. 平等　　D. 安全

24. 埃及工会总联合会的直属机构包括（　）。

A. 工人教育局　　B. 工人培训中心

C. 工人大学　　D. 工人社会局

25. 19 世纪 30—40 年代，发生在欧洲的工人运动（　），就是在经济危机的背景下展开的。

A. 法国里昂纺织工人两次起义

B. 英国宪章运动

C. 英国卢德运动

D. 德国西里西亚纺织工人起义

26. 20 世纪 80 年代末 90 年代初，东欧各国和苏联的政治局势相继发生急剧变化，工会运动也随之发生重大变化，具体表现为（　）。

A. 会员人数减少

B. 原有工会纷纷解体或重组并更改名称

C. 工运手段理性化、规范化

D. 国际活动亲西方化

27. 历史上，欧洲国家工会在（　）的过程中，作出了巨大贡献，对国家社会生活各方面也产生了广泛而深刻的影响。

A. 维护劳工权利　　B. 捍卫劳工利益

C. 与资方相抗争　　D. 争取工会独立地位

28. 在欧洲各国中，与工会关系密切的政党为（　）。

A. 英国工党　　B. 英国保守党

C. 德国社会民主党　　D. 瑞典社会民主党

29. 欧洲工会经过长期艰苦斗争，大多数争取到了重要的社会经济方面权利，主要是（　）。

A. 结社自由权　　B. 集体谈判权

C. 参与权　　D. 罢工权

30. 欧洲国家对于集体谈判权的法律保障，主要体现在（　）。

A. 雇主不得拒绝与工会举行集体谈判

B. 雇主不得故意拖延与工会或工人举行集体谈判

C. 雇主不得违反集体合同的规定

D. 雇主必须按照口头约定执行合同

31. 2001 年 12 月的布鲁塞尔-拉埃根峰会，确立了（　）参加的最高一级欧洲三方社会对话机制。

A. 欧洲工会联合会　　B. 雇主组织

C. 各国政府　　D. 欧洲委员会

32. 20 世纪 90 年代以后，英国工会面临更加严峻的挑战，具体表现为（　）。

A. 工会组织率不断下降

B. 工会逐渐失去对政府的影响力

C. 工会陷入财政危机

D. 工会会员人数不断下降

33. 进入 21 世纪，英国职工大会采取了多项措施推动工会运动的发展，这些措施包括（　）。

A. 加大工会组建力度

B. 调整工会组织结构

C. 倡导建立“社会伙伴关系”

D. 积极参与企业管理

34. 英国的工会分为（　）。

A. 地方性工会　　B. 行业工会

C. 产业工会　　D. 一般性工会

35. 德国工会的主要活动包括（　）。

A. 集体谈判

B. 组织罢工

C. 参与立法和社会政策的制定

D. 代表职工参与企业管理

36. 德国工会代表员工参与企业管理的主要方式有（　）。

A. 推荐工会会员代表担任企业管理职务

B. 通过企业职工委员会参与管理

C. 参与监事会的决策

D. 向雇主提交工会的政策建议

37. 以下为瑞典全国性总工会的是（　）。

A. 瑞典总工会

B. 瑞典职员中央组织

C. 瑞典专业人员工会联合会

D. 瑞典公务员工会联合会

38. 瑞典工会的主要活动为（　）。

A. 集体谈判　　　　B. 加强与执政党的联系

C. 开展工人参与活动　　　　D. 兴办企事业机构

39. 瑞典的集体谈判包含的三个级别层次为（　）。

A. 中央（全国）级　　　　B. 省级

C. 产业级　　　　D. 企业级

40. 从内容上看，瑞典集体谈判的类型为（　）。

A. 利益谈判　　　　B. 争端谈判

C. 共决谈判　　　　D. 集体谈判

41. 瑞典《共决法》规定的工会享有直接参与管理的四项权利是（　）。

A. 谈判权

B. 知情权

C. “共决合同”的谈判权

D. 优先诠释集体协议权

42. 法国总工会国内工作的重点主要包括（　）。

A. 争取充分就业和享有培训权

B. 确保及发展社会保险，实现平等、正义和社会互助

C. 推动政府加大在公共服务领域的投入

D. 呼吁政府提供面向所有人的更高水平的社会保护

43. 美国工会早期主要开展的活动是（　）。

A. 提高工资　　B. 争取缩短工时

C. 参加选举　　D. 组织罢工

44. 早期的美国工会运动是分散的。在工业革命初期，美国工人组织的特点是（　）。

A. 地方性　　B. 行业性

C. 不稳定性　　D. 临时性

45. 20 世纪 80 年代，由于经济结构的加速调整、里根政府和雇主对工会的敌视和打压，美国工会运动陷入困境，其主要表现是（　）。

A. 工会组织的大规模罢工连年失利

B. 工会组建率连年下降

C. 工会支持参选的党派连续失利

D. 工会在集体谈判中处于守势

46. 在 20 世纪 80 年代的美国，雇主往往采取的避开工会的手段是（　）。

A. 解散工会　　B. 工会替代模式

C. 限制工会会员人数　　D. 工会压制模式

47. 19 世纪中期至末期，拉美各国先后出现工会组织，这个时期的拉美工人运动主要受（　）和无政府工团主义思潮的影响。

A. 无政府工团主义　　B. 蒲鲁东主义

C. 空想社会主义　　D. 自由主义

48. 20 世纪初到第二次世界大战爆发，（　）思想逐渐影响了拉美工会运动，工会运动在整个拉美大陆普遍兴起，并开始建立全洲性组织。

A. 社会民主主义　　B. 蒲鲁东主义

C. 自由主义　　D. 共产主义

49. 20 世纪 90 年代，新自由主义和全球化在拉美大行其道，对工人带来的直接影响是（　）。

A. 私营经济提供的就业岗位减少

B. 失业人数的增加和非正规部门的扩大

C. 分配日益不均

D. 企业限制工会组织的活动

50. 进入 21 世纪后，美国工会面临的最大问题是（　）。

A. 会员人数持续下降

B. 政治影响力日渐衰退

C. 社会作用被进一步边缘化

D. 与政党的联系减弱

51. 为了振兴本国的工会运动，美国工会采取的一系列举措主要包括（　）。

A. 将发展会员、组建工会作为工会的头等大事，视会员为工会的力量源泉

B. 注重人才建设

C. 加强组织领导

D. 增强基层组织的活力

52. 1951 年 1 月，美洲区域工人组织成立，下设的地区组织包括（　）。

A. 中美洲工人联合会　　B. 美国劳联-产联

C. 加勒比劳工大会　　D. 南美工会协调委员会

53. 美国工会组织结构大体分为（　）。

A. 地方分会　　B. 全国性产业工会

C. 行业性产业工会　　D. 美国劳联-产联

54. 美国工会的特点是（　）。

A. 全国性工会组织数量较多，力量分散

B. 多种工会组织原则并存

C. 工会的产业与地区分布不平衡

D. 入会率持续降低

55. 美国工会从事的主要活动是（　）。

A. 集体谈判　　B. 参与国家政治活动

C. 参与企业管理　　　　D. 组织工人罢工

56. 美国集体谈判的程序是（　）。

A. 工会作为工人代表进行集体谈判资格的认定

B. 谈判的提出和准备工作

C. 举行正式谈判

D. 双方达成协议并签订集体合同

57. 美国的集体合同的特点是（　）。

A. 合同篇幅长

B. 双方代表签署后即具有法律效力

C. 有固定期限，经双方同意可顺延

D. 合同约定的事项适用于非工会会员

58. 20 世纪 80 年代以来，美国工会在谈判中越来越处于不利的地位，主要原因是（　）。

A. 雇主逐渐联合起来，增强了谈判力量，而工会的势力相对下降

B. 雇主竭力否认工会具有代表工人进行集体谈判的资格

C. 随着高技术企业和小企业的增多，传统的谈判方式已经发生变化

D. 新技术企业的白领工人对集体谈判的兴趣逐渐减退

59. 美国工会宏观参与的主要形式是（　）。

A. 院外游说　B. 组织游行请愿活动

C. 组建政党　D. 竞选捐款

60. 加拿大劳工大会执委会由（　）组成。

A. 加拿大劳工大会执行官员

B. 政府代表

C. 工会会员代表

D. 下属产业工会领导

61. 加拿大工会的层级为（　）。

A. 联邦工会　B. 省级工会

C. 市级工会　D. 企业工会

62. 加拿大工会在集体协商谈判中所一贯坚持的原则是（　）。

A. 工人有权过体面生活

B. 工人有权分享所有创造的价值、享受应得的待遇和服务

C. 每一个工人都有权在企业中表达自己的心声

D. 工人有权参与政治活动

63. 1943年实施的“强化劳工法案”奠定了巴西工会体制的基础，具体是（　）。

A. 实施三级组织结构

B. 实行“单一工会”原则和劳资力量平衡原则

C. 强化国家对工会的控制

D. 强调工会会员参与企业管理

64. 1943年实施的“强化劳工法案”奠定了巴西工会体制的基础，构成基础之一的组织结构是（　）。

A. 工会　　B. 产业工会

C. 全国性工会　　D. 工会联合会

65. 墨西哥工会运动主要受革命制度党的影响，但分裂成许多派别，主要的大工会为（　）。

A. 墨西哥教师工会

B. 墨西哥工人联合会

C. 墨西哥工农革命联合会

D. 墨西哥电力工人工会

66. 国际劳工局的内设部门包括（　）。

A. 国际劳工标准司

B. 国际劳工组织常驻联合国办公室

C. 治理和三方机制司

D. 都灵国际培训中心

67. 国际劳工大会的主要工作包括（　）。

A. 审议国际劳工组织总干事和理事会主席报告

B. 制定和通过以公约和建议书为形式的国际劳工标准

C. 制定和修改本组织章程

D. 审议通过理事会提交的年度计划和预算草案

68. 作为国际劳工组织的决策机构，理事会在国际劳工大会闭会期间决定该组织的各种重要事项，主要包括（ ）。

A. 拟定国际劳工大会和国际劳工组织其他会议的议程

B. 为国际劳工大会通过公约和建议书进行必要的技术准备

C. 决定设立国际劳工组织的其他机构

D. 任命国际劳工组织总干事

69. 国际劳工组织开展的主要活动有（ ）。

A. 国际劳工立法

B. 向发展中国家提供技术援助

C. 协调罢工时期的劳资关系

D. 研究、教育和出版活动

70. 国际劳工立法，即在（ ）等问题上规定最低国际标准。

A. 工人就业　　B. 劳动条件

C. 物质待遇和社会保障　　D. 基本人权

71. 国际劳工标准包括（ ）。

A. 行动计划　　B. 国际劳工公约
C. 指导书　　D. 建议书

72. 国际劳工公约分为（　）。
A. 基本劳工公约　　B. 合作劳工公约
C. 治理劳工公约　　D. 技术劳工公约

73. 国际劳工公约中的基本劳工公约，旨在保护工作中的基本人权和劳工权，主要包括（　）等内容。
A. 结社自由和集体谈判　　B. 废除强迫劳动
C. 禁止童工劳动　　D. 公平薪酬

74. 国际劳工公约中的治理劳工公约涉及各国劳工制度与政策，主要包括（　）。
A. 1947 年《劳动监察公约》
B. 1969 年《农业劳动监察公约》
C. 1976 年《三方协商公约》
D. 1981 年《职业安全卫生公约》

75. 国际劳工组织解决问题的实际能力具有局限性的原因是（　）。

A. 世界各国的经济、政治、社会制度不同，社会发展程度不同

B. 政府、工人、雇主三方有着不同的具体利益

C. 各国工人代表的团结受到诸多因素影响

D. 在国际舞台上的影响力有限

76. 国际劳工组织成立后，各国工会和国际工会组织都非常重视参加国际劳工组织的活动，工人代表在这个三方性组织中，成为一支最活跃的力量。原因是（　）。

A. 工人期望国际劳工组织制定切实保障工人和工会权益的国际劳工标准

B. 工人要求国际劳工组织监督各国政府和雇主认真执行国际劳工标准

C. 国际劳工组织是举世公认的工会与政府、雇主平等对话、协商解决问题的唯一国际机构

D. 一年一度的国际劳工大会成为世界各国各种政治倾向的工会，能够坐在一起讨论共同关心的问题的唯一场所

77. “二战”后直至冷战结束，国际工会运动不断调整重组，但国际工运总体上一直保持三大国际工会组织并存的格局，这三大组织是（　）。

A. 国际自由工联　　B. 世界工会联合会

C. 世界劳工联合会　　D. 美国劳联-产联

78. 国际工联书记处由总书记领导，负责处理日常工作，下设部门为（　）等。

A. 宣传联络部　　B. 经济和社会政策部

C. 人权和工会权利部　　D. 全球组织学院

79. 国际工联在世界各地设立的区域组织包括（　）。

A. 非洲区域组织　　B. 亚太区域组织

C. 泛欧区域理事会　　D. 美洲工会联合会

80. 国际工联基本政策主要包括（　）。

A. 致力于维护所有工人的权益

B. 捍卫工作场所基本原则和权利

C. 提倡财富公平分配

D. 推动包容、多样化的工人运动

81. 国际工联主要围绕“四大支柱”开展工作，下列选项中属于“四大支柱”的是（　）。

A. 捍卫和平、民主和权利

B. 监管资本力量

C. 推动公平转型

D. 改善劳动者的工作条件

82. 国际工联的三大重点行动是（　）。

A. “人人享有民主——改变规则”行动

B. “新型社会契约”行动

C. “推动公平转型”行动

D. “提高劳动者工作待遇”行动

83. 下列选项中属于全球工会联合会组织的是（　）。

A. 国际运输工人联合会　B. 国际网络工会

C. 国际机械工人联合会　D. 国际产业联盟

84. 长期以来，二十国集团劳动会议持续推动的工作包括（　）。

A. 持续提高各国工会的政治参与力度

B. 增加投资以创造高质量的就业机会

C. 通过最低工资、劳工权利和社会保护底线确保工作正规化

D. 实现可持续、绿色和包容性增长

85. 当代国际工会运动面对的诸多挑战包括（ ）。

A. 工会组织化水平受到严重侵蚀

B. 工会传统谈判能力总体弱化

C. 工会集体行动的外部性加速扩大

D. 工会间的合作减少

86. 进入 21 世纪以来，以互联网技术为核心的新技术革命的演进为全球经济发展注入了新的动力，工会工作遇到前所未有的新情况、新问题和新挑战，具体表现为（ ）。

A. 新技术革命带来工作领域新变化

B. 保障工人权利的制度基础更加脆弱

C. 工会的组织能力和活动模式遭遇挑战

D. 雇主方的经济状况趋向不稳定

87. 与传统企业从业劳动者相比，新就业形态劳动者的就业特点是（　）。

A. 工作时间碎片化

B. 就业契约去劳动关系化

C. 组织方式平台化

D. 收入不确定

88. 目前，全球只有 55 个经济体没有签署任何包括劳工条款的自贸协定，主要集中在（　）。

A. 南亚　　B. 南美洲

C. 西非　　D. 中东

89. 劳工条款主要包括的内容有（　）。

A. 劳工标准的范围　　B. 守则机制

C. 发展合作机制　　D. 争端解决机制

90. 劳工条款载明的劳工权利包括（　）。

A. 基本权利　　B. 特殊权利

C. 一般权利　　D. 保障权利

91. 当前，大多数劳工条款都采取援引国际劳工组织

1998年通过的《国际劳工组织关于工作中的基本原则和权利宣言》的方式，要求缔约国遵循以下基本权利（　）。

A. 结社自由和有效承认集体谈判权

B. 消除一切形式的强迫劳动

C. 有效废除童工

D. 消除就业歧视

92. 目前的全球劳工治理体系呈现出的主要特点是（　）。

A. 参与治理的主体多元　B. 治理主体的诉求多元

C. 治理形式多元交织　D. 治理成果不显著

93. 目前我国在国外劳务人员主要分布在以下哪些行业（　）。

A. 建筑业　B. 制造业

C. 互联网业　D. 交通运输业

94. 中国特色社会主义进入新时代，中国工会坚持以习近平新时代中国特色社会主义思想为指导，立足新发展阶段，贯彻新发展理念，在（　）的原则基础上，不断深化同世界各国工会的友好关系与务实合作。

A. 独立　　　　B. 平等

C. 互相尊重　　　　D. 互不干涉内部事务

95. 随着中国经济高速发展和人民收入水平的逐步提高，我对外承包工程从国内大规模输出劳务人员已经成为历史，企业用工更加趋于多元化，（　）成为新的用工格局。

A. 国内带出　　　　B. 属地化用工

C. 第三国劳务　　　　D. 上述均不正确

96. 中华全国总工会积极服务“一带一路”建设的举措包括（　）。

A. 创设“一带一路”沿线国家工会干部汉语研修奖学金项目

B. 持续开展“一带一路”沿线国家工会援助项目

C. 搭建“一带一路”沿线国家职工人文和技能交

流平台

D. 为“一带一路”沿线中资企业办实事、解难题

97. 中华全国总工会准确把握世界发展大势，发挥自身优势，积极参与和推动全球劳工治理体系改革，为国家发展建设营造有利的外部劳工环境作出了新贡献。具体举措包括（　）。

A. 加强与国际劳工组织的合作

B. 重视并积极参与国际劳工组织工人组选举

C. 举办国际工会论坛

D. 充分利用工会多边合作机制

98. 中华全国总工会大力推动工会抗疫国际合作的举措包括（　）。

A. 积极参与国际劳工领域应对新冠肺炎疫情的交流研讨

B. 及时给予友好工会组织抗疫物资援助

C. 关心服务因疫受困海外职工

D. 有效地对冲国际劳工界疫情政治化噪声

99. 我国工会坚持工会外事工作正确政治方向，具体举措包括（　）。

A. 坚持和加强以习近平新时代中国特色社会主义思想为引领

B. 始终坚持党对工会外事工作的领导

C. 切实增强对外工作“大协同”意识

D. 坚定不移走中国特色社会主义工会发展道路

100. 我国工会坚持推动构建人类命运共同体，具体举措包括（　）。

A. 厚植人类命运共同体理念

B. 巩固与周边和广大发展中国家友谊

C. 加强与大国工会组织的沟通协调

D. 推动工会抗疫国际合作

参考答案

一、单项选择题

1. C	2. A	3. C	4. C	5. D
6. B	7. C	8. C	9. A	10. D
11. C	12. B	13. B	14. A	15. D
16. A	17. C	18. A	19. C	20. C
21. A	22. B	23. C	24. B	25. A
26. C	27. C	28. A	29. B	30. A
31. A	32. C	33. A	34. A	35. C
36. A	37. A	38. D	39. B	40. B
41. D	42. B	43. C	44. B	45. A
46. A	47. D	48. B	49. A	50. A
51. D	52. A	53. B	54. C	55. C
56. D	57. D	58. A	59. C	60. D
61. A	62. D	63. D	64. A	65. C

66. B	67. B	68. C	69. B	70. C
71. A	72. D	73. A	74. D	75. A
76. B	77. A	78. D	79. C	80. D
81. A	82. D	83. C	84. A	85. A
86. B	87. A	88. C	89. C	90. B
91. A	92. C	93. A	94. C	95. B
96. D	97. B	98. A	99. A	100. C
101. D	102. A	103. C	104. B	105. A
106. D	107. A	108. C	109. D	110. C
111. B	112. A	113. C	114. A	115. C
116. A	117. D	118. D	119. A	120. C
121. A	122. B	123. C	124. C	125. A
126. D	127. B	128. D	129. C	130. D
131. A	132. C	133. A	134. C	135. B
136. A	137. A	138. D	139. C	140. A
141. D	142. C	143. A	144. D	145. C
146. C	147. A	148. D	149. D	150. C
151. D	152. C	153. B	154. B	155. C

156. A	157. B	158. B	159. B	160. C
161. B	162. A	163. B	164. C	165. D
166. B	167. A	168. B	169. C	170. D
171. D	172. D	173. A	174. C	175. C
176. B	177. D	178. C	179. B	180. A
181. C	182. D	183. B	184. A	185. C
186. D	187. B	188. D	189. A	190. C
191. C	192. D	193. D	194. C	195. B
196. C	197. A	198. D	199. C	200. C

二、多项选择题

1. ABCD	2. ABCD	3. ABCD	4. ABCD	5. ABCD
6. ABC	7. ABD	8. ABD	9. ABC	10. ABD
11. ABC	12. ABD	13. ACD	14. ABC	15. ACD
16. ABCD	17. ACD	18. AD	19. ABCD	20. ABC
21. ACD	22. ABC	23. ABCD	24. AD	25. ABD
26. BCD	27. ABC	28. ACD	29. ABCD	30. ABC
31. ABD	32. ABC	33. ABC	34. BCD	35. ABCD
36. BC	37. ABC	38. ACD	39. ACD	40. ABC
41. ABCD	42. ABCD	43. AC	44. ABD	45. ABD
46. BD	47. AC	48. AD	49. BC	50. ABC
51. ABCD	52. ACD	53. ABD	54. ABC	55. ABC
56. ABCD	57. ABCD	58. ABCD	59. AD	60. AD
61. ABC	62. ABC	63. ABC	64. ABD	65. BC

66. ABC	67. ABCD	68. ABCD	69. ABD	70. ABCD
71. BD	72. ACD	73. ABC	74. ABC	75. ABC
76. ABCD	77. ABC	78. ABCD	79. ABCD	80. ABCD
81. ABC	82. ABC	83. ABD	84. BCD	85. ABC
86. ABC	87. ABCD	88. AD	89. ABCD	90. AC
91. ABCD	92. ABC	93. ABD	94. ABCD	95. ABC
96. ABCD	97. ABD	98. ABCD	99. ABCD	100. ABCD